Hans-Jürgen Döpp

Von den Wonnen der Peitsche

Über Schmerz, der sich in Lust verwandelt

edition de l'œil

Impressum:

© Hans-Jürgen Döpp, Frankfurt am Main 2022
www.aspasia.de
Herstellung und Verlag: BoD – Books-on-Demand, Norderstedt
Abb. auf Titelseite: Helmuth Stockmann, aus Mappe „Puder", 1918
ISBN 9-783-75576737-4

Hans-Jürgen Döpp

Von den Wonnen der Peitsche

Über Schmerz, der sich in Lust verwandelt

Bei einer Diagnose des heutigen Sexualverhaltens wäre ein Paradox festzustellen: Einerseits wird zunehmend, auch in psychoanalytischen Behandlungen, über Spannungs- und Lustlosigkeit im Sexuellen geklagt. Nach einer langen Phase der Freizügigkeit scheint eine Rückkehr zur „Neuen Prüderie" angesagt zu sein. Dies zeichnete sich schon ab, bevor das Thema AIDS für einen zusätzlichen Kälteschock sorgte. Das Fleisch ist traurig. Auf der anderen Seite ist eine Zunahme fetischistischer Clubs und entsprechender Magazine zu verzeichnen. Filme wie „Baise-Moi" erheben Gewalt zwischen den Geschlechtern zu ihrem einzigen Inhalt. S/M und Flagellation scheinen zu Elementen des Life-Styles geworden zu sein. Der Roman „Fifty Shades of Grey", in dem weibliche Unterwerfungsrituale einer modernen, selbstbewussten Frau geschildert werden, stand 147 Wochen ununterbrochen auf der Spiegel-Bestsellerliste! Während es einerseits so aussieht, als würde der Erotik alle Energie entzogen, zieht scheinbare Aggressivität spannungs- und kraftvoll den ganzen Betrag der Libido an sich.

Durch die unter dem Titel „Sade/Surreal" im Dezember 2001 in Zürich eröffnete Sade-Ausstellung wird der berüchtigte Marquis zu einem Zeitpunkt in den ehrwürdigen Stand eines Klassikers versetzt, zu dem Sexualität selbst ihre Sprengkraft eingebüßt zu haben scheint.

Man mag sich fragen, ob ein Zusammenhang besteht zwischen der Zunahme sadomasochistischer Themen und der zunehmenden Brutalisierung des gesellschaftlichen Lebens. Doch geht es hier vor allem erst einmal um individuelle Triebschicksale, in denen etwas bislang Verborgenes nach Ausdruck verlangt. Ein massenhaft vertretenes Phänomen, das auf ein massenhaft vorhandenes Trieb-Dilemma rückschließen lässt?

Das Moment an Gewaltsamkeit gehört, in welcher Verdünnung auch immer, wohl zu den Ingredienzien des erotischen Erlebens. Aber was ehemals „Unzucht" hieß, wurde saniert, desinfiziert, hygienisch verpackt und auf eine juristisch akzeptable Vertragsebene gehievt. Diskussionen über „Gewalt gegen Frauen" und „Kindesmissbrauch" schufen ein Klima, in dem jede von Gewaltsamkeit auch nur angehauchte erotische Begleitphantasie verdunsten musste. Doch Gewaltsamkeit und Schmerz bleiben, wie Bataille wohl wusste, unzertrennbar mit dem Erleben von Lust verquickt.

Hören wir die Äußerung einer portugiesischen Nonne („Maria Alcoforado – Liebesbriefe einer portugiesischen Nonne"), deren Sätze nach Jahrhunderten auch heute noch aktuell klingen:

„Die Schmerzen sind es, aus denen wir uns selbst gebären. Wir wollen die Schmerzen meiden. Und dadurch töten wir uns. Wenn wir die Schmerzen nicht fühlen wollen, töten wir unser Gefühl ab. Wir haben nicht Organe zum Fühlen von Schmerzen und andere zum Fühlen von Glück. Wer sich gegen die Schmerzen panzert, der panzert sich auch gegen das Glück oder gegen die angenehmen Gefühle. Das, worauf es ankommt, ist nicht eine bestimmt Art von Gefühlen. Es kommt darauf an, überhaupt wahrzunehmen, überhaupt fühlen zu können. Lebendig zu sein". –

Im Mittelalter war es das Auge Gottes, das Gefallen fand an den Nonnen und Mönchen, die sich geißelten. Dabei ging es weniger um „Sexualität", als um die Erregung religiöser Imagination, die mit ekstatischer Erfahrung verbunden war. Diese kann erotisch-spirituell sein, oder, wie bei Marquis de Sade, erotisch-sinnlich. Beide Erfahrungen mögen konvergieren.

Wenn es bei den Inszenierungen der Mönche und Nonnen, die sich geißelten, um ein Ritual der „Vergegenwärtigung" ging, in dem das Verhältnis zwischen Mensch und Gott in bestimmter Weise gefasst wurde, können wir das Ritual gleichermaßen als „Vergegenwärtigung" des Menschen im Schmerz interpretieren. Erst der Psychologie des 20. Jahrhunderts ist es gelungen, den anderen Pol im Verhältnis von Mensch und Gott zu beleuchten: Nicht nur eine Unmittelbarkeit zu Gott wurde hergestellt, - sondern primär die Erfahrung der Unmittelbarkeit seiner selbst. Darüber später.

Das Phänomen der Geißelung durchzog das ganze Mittelalter. Sie galt nicht nur als Geste der Buße, der Imitatio Christi, sondern auch als Therapeutikum zur Erregung erlahmter Affekte. Die Geißelung, so hieß es, stimuliere den Fluss der Säfte und damit auch die Stimmung der Seele. Sie sei ein wirksames Therapeutikum gegen die Melancholie, welche die Seele gefangen nimmt und lähmt, da sie doch nicht nur den Säftefluss anregt, sondern gleichzeitig die Imagination, die Produktion von

Phantasiebildern, die die Seele aus der Melancholie herauszuführen vermögen.

Für die Geißelung im Klosterleben fand der Begriff „disciplina" Verwendung; seit dem 12. Jahrhundert bezeichnet „disciplina" zudem das Instrument selbst, die Geißel, Rute oder Peitsche. Nikolaus Largier sieht in seinem Buch „Lob der Peitsche" in diesen Übungen eine gleichzeitige Verneinung und Bejahung des Körpers. *„Man kann durchaus von einer radikalen Individualisierung sprechen, die hier stattfindet. Jede Geste ist Bejahung und Verneinung zugleich, quält sie doch den Körper im Namen einer geistigen Freiheit, die letztlich nichts sein will als die absolute Affirmation des Körpers, die Überwindung der Dualität von Körper und Geist im Moment der Auferstehung und des Sieges über den Tod".* Im gleichen Maße, wie die Flagellation als Negation des Körpers erscheint, ist sie auch dessen radikale Affirmation. Es gibt kein Heil – ohne den Körper, obwohl dieser es ist, der angeblich aller Freiheit im Wege steht.

In der Mitte des 14. Jahrhunderts fanden, gleichzeitig mit dem Auftauchen der Pest, Geißelprozessionen fast überall in Mitteleuropa statt. Priester und Grafen, Ritter und Knechte, Bürger, Bauern und Professoren nahmen an ihnen teil. Der zürnende Gott, der die sündige Menschheit zu vernichten drohte, sollte mit Hilfe Marias und durch Geißelhiebe versöhnt werden. Es schien, als ob die Menschen Angst hätten, *„die Macht Gottes wolle sie sonst durch Feuer vom Himmel verzehren oder durch eine Spalte in der Erde verschlingen oder durch ein mächtiges Erdbeben und andere Plagen vernichten",* so ist in einer zeitgenössischen Schrift zu lesen. Man kann hier von einer „Geißelmode" als einem epidemischen Massenphänomen sprechen. Vor allem setzten die Geißlerzüge sich aus Männern zusammen, doch gelegentlich ließen sich auch Männer und Frauen gemeinsam öffentlich geißeln. Auffallend war dabei stets die Theatralisierung und Ritualisierung dieser Geißlerveranstaltungen.

Merkwürdig ist, dass diese Bewegung einherging mit den Anfängen der Konstituierung des bürgerlichen Individuums in Europa. Insbesondere die italienische Renaissance war hier von großer Bedeutung. Und mehr noch als nördlich der Alpen war die Geißlerbewegung hier, in Italien, ein eigentlich städtisches, frühmodernes Phänomen. *„Buße als urbane Praktik",* so hält Largier fest, *„hat sich hier eine Form geschaffen, die mit der Entfaltung neuer städtischer Lebensformen Hand in Hand geht und in der auch die Selbstgeißelung zumindest bis ins 18. Jahrhundert ihren Stellenwert behielt".* Bei ihren Geißelungen und Prozessionen durch die

Städte trugen die meisten Geißler-Gemeinschaften Kapuzen und Kreuze, wie sie noch heute in Spanien während der Semana Santa zu sehen sind.

Das Zeitalter der Aufklärung überführte den heilsgeschichtlichen Diskurs in einen psychologisch-medizinischen. So unterstellte der Lübecker Arzt Johann Heinrich Meibom 1639, dass die imaginierte Nähe zu Gott und die in der Geißelung inszenierten Bilder spiritueller Wollust nichts anderes seien als die verdeckte und sublimierte, in der Verbindung von Lust und Schmerz auch perverse Erfüllung eines in Wahrheit immer erotischen Begehrens. *„Diese seltsame Zeremonie der Rutenhiebe"*, so Meibom, *„facht das Feuer der Wollust in diesen Personen dermaßen an, dass sie schäumen und jenes Glied, das von ihrer Mannheit zeugt, gen Himmel emporstarren lässt".* Und er zitiert Pico von Mirandola: *„Ich kenne einen Menschen von sehr verliebtem Temperamente, der demungeachtet keine Frau zu caressieren vermag, ohne vorher gegeißelt zu sein. Umsonst hält ihm seine Vernunft entgegen, dass seine so raffinierte Wollust eine sträfliche Handlung sey, ja er macht dem Geißler sogar Vorwürfe, weil er nicht heftig genug zuschlage, wenn Ermattung oder Mitleid dessen Anstrengungen abnehmen lassen. Der Patient befindet sich nicht eher auf dem Gipfel seiner wollüstigen Empfindungen, bis er Blut aus den Wunden träufeln sieht". „Glaubwürdige Personen"*, fährt Meibom fort, *„wollen einen Mann gekannt haben, welcher bei dem kältesten Temperamente, das ihn zu den Diensten der Venus ganz ungeschickt machte, die lebhafteste Einbildungskraft besaß, die ihn stets mit erotischen Bildern quälte. Zum Liebeskampfe gebrach es ihm an natürlicher Wärme und physischer Kraft, daher er mit Rutenhieben diese gewaltsam aufregen musste. Schwer ist zu entscheiden, ob diese Manipulation oder der Beischlaf selbst ihm höheren Genuss bereitete? Er ließ sich sogar zu Bitten gegen diejenigen herab, welche er zu seinen Peinigern sich auszuwählen pflegte. Die Ruthen ließ er immer einen Tag vorher in Essig legen. Schlug man ihn nicht heftig genug, so warf er mit Schimpfreden und den heftigsten Vorwürfen um sich. So lange nicht Blut troff, hielt er die Arbeit für unvollkommen. Dieser Mann war vielleicht der Einzige, welcher Schmerz und Lust zugleich empfand, indem ohne den Ersteren er sich kein Wollustgefühl verschaffen konnte. Blutströmungen waren die Vorzeichen seines Hochgenusses".*

Diese neue Sicht förderte das Misstrauen gegenüber den angeblich lasziven Mönchen und verdorbenen Nonnen, die durch solche

Lithographie, um 1880

vordergründig frommen Praktiken sich nur erotisch auslebten. Nichts sei demnach anzüglicher, lüsterner und pikanter als der Mönch und die Sünderin, die Nonne und ihre Schwestern. Unter ihrem Habit verbergen sich Satyr und Nymphe. Die Skandalgeschichte von Cathérine Cadière und Pater Girard, deren Prozessakten 1731 veröffentlicht wurden und deren erste literarische Bearbeitung 1748 unter dem Titel „Thérèse philosophe" erschien, ist hierfür eine Schlüsselgeschichte.

Als klassisches Land der Flagellation jedoch gilt England. In seinem Essay „Die Flagellomanie" schrieb Eugen Dühren, ein Pseudonym von Iwan Bloch, 1902: *„In keinem Lande ist die Leidenschaft für die Rute so systematisch gepflegt und ausgebildet worden, wie in England, in keinem Lande ist die gesamte Literatur seit dem 17. Jahrhundert, die poetische und die prosaische, die anständige und die pornographische, so sehr erfüllt von diesem Thema wie hier. Gleichfalls haben nirgends sonst Bühne und Tageszeitungen dasselbe in solcher Öffentlichkeit behandelt, was bei der sonstigen englischen Prüderie in sexuellen Fragen doppelt auffällig ist. Endlich dürfte ein anderes Volk kaum so zahlreiche Künstler aufweisen, die ihr Talent diesem eigenartigen Sujet gewidmet haben, wie dies in England der Fall ist".*
England, das Land, in dem der bürgerliche Charakter sich sehr früh herausbildete: Welche Gewalt musste das Subjekt sich antun, um sich als – männliche -Identität zu konstituieren?
Hat das „Laster" der Flagellation in England tiefer Wurzeln geschlagen als anderswo? Oder sticht es hier eher ins Auge, da es im Unterschied zu den katholisch-romanischen Ländern nicht religiös verbrämt ist? Während dort die Flagellation auf den religiösen Bereich beschränkt blieb, gestattete der weltliche Charakter in England dagegen eine weitere Verbreitung.
So gab es Bordelle, die ganz der flagellantistischen Prostitution vorbehalten waren. Seit dem Ende des 18. Jahrhunderts und durch das ganze 19. Jahrhundert stellten sie eine charakteristische Erscheinung der Londoner Prostitution dar. Eugen Dühren schreibt dazu: *„Diese Bordelle, welche seit 1800 immer zahlreicher in London auftauchten, waren ausschließlich der Flagellation gewidmet, weshalb die Bezeichnung `Flagellationsbordelle` eine zutreffende ist. Sie waren meist mit großer Pracht eingerichtet und dienten nicht nur als Orte, wo die Männerwelt nach Herzenslust sich der passiven Flagellation unterziehen konnte, sondern auch als Lehranstalten (sit venia verbo) für diejenigen Mädchen*

und Frauen, die die `Kunst` der graziösen und wirksamen Applikation der Rute erlernen wollten".

Niederländischer Stich, um 1750

Die „Ars flagellandi" entwickelte sich zu einer hohen Kunst, auch in Englands berühmten Privatschulen, den Public Schools. Hier wurde die englische Elite herangezogen: Geistliche, Professoren, Unternehmer und Regierungsbeamte wurden hier ausgebildet. Die Prügelstrafe galt dort als eine unverwüstliche Tradition. Oft lag die „Disziplin" in den Händen der Schüler selbst. Doch „der Schlüssel zum Ganzen war der Schulleiter, gleichermaßen unnachahmliches Ideal, gerechter Richter und oberster Zwangsherr"; so resümiert Peter Gay in seiner Studie „Kult der Gewalt. Aggression im bürgerlichen Zeitalter"(1996). Die Direktoren waren im Austeilen der Prügel wahrhafte Demokraten. Ein Ex-Schüler erinnert sich an John Keate, den beliebten Eton-Direktor: „*Er hatte keine Lieblinge und verprügelte völlig unparteiisch den Sohn eines Herzogs ebenso wie den Sohn eines Lebensmittelhändlers"*. Man prügelte – im vollen Vertrauen auf die Wohltaten der Rute. Wenn auch die erotischen Nebentöne nicht bewusst wurden, so schimmerten sie hie und da doch durch. So auch bei Dickens, der die Prügelstrafe gutzuheißen schien. In „Our Mutual Friend" beschreibt er den engelhaften Mr. Wilfer: Er sei so *„knabenhaft in seinen Rundungen und Proportionen, dass sein alter Lehrer, wäre er ihm begegnet, vielleicht der Versuchung nicht hätte widerstehen können, ihn auf der Stelle mit dem Rohrstock zu verprügeln"*.

Die Hiebe mit dem Rohrstock waren nicht nur eine Züchtigung, die man fürchtete, sondern zugleich auch ein Stimulans, das man ersehnte. Swinburne, ein Eton-Schüler, der seine masochistischen Neigungen in freimütigen Romanen und Gedichten unsterblich machte, war nur der berühmteste unter den vielen Zöglingen der Public Schools, die, wie Gay darstellt, *„als Erwachsene nach körperlicher Züchtigung gierten und sie in ihrem Seelenleben brauchten wie der Drogenabhängige die tägliche Dosis"*.

Gegen Ende des 19. Jahrhunderts nannten französische Schriftsteller dieses Verlangen nach der Rute „das englische Laster". Und erst gegen Ende dieses Jahrhunderts verfügten die gebildeten Bürger über Begriffe für das Verhalten derer, denen Quälen und Gequältwerden Lust bereitete: Sadismus und Masochismus. Es war der berühmte österreichische Psychiater Richard von Krafft-Ebing, der die Begriffe prägte, wobei er sich auf zwei namhafte Schriftsteller bezog. Im bürgerlichen Jahrhundert war Sade fast völlig unbekannt. Am bekanntesten von seinen zahlreichen Werken war das in den 90er Jahren des 18. Jahrhunderts erschienene Romanpaar „Justine" und „Juliette". Die Flagellation ist in diesen Werken von herausragender Bedeutung. So klärt Clairwil, der Juliette vier Frauen vermittelt, sie über ihre eigenen Gelüste auf:

„ `Nun also, schicke mir deine vier Weiber, dazu auch Ruten, wenn du mich entladen sehen willst`. - `Ruten? Pflegst du denn zu peitschen, meine Liebe?`- `Gewiss, bis aufs Blut...Desgleichen lasse ich auch mir tun. Es existiert für mich keine köstlichere Lust; nichts entflammt mehr mein ganzes Wesen.... Das Gefühl des Schmerzes in den ausgepeitschten Körperteilen versetzt das Blut in raschere Zirkulation und belebt die Geister, indem es in den Geschlechtsorganen eine außerordentliche Hitze

erzeugt. Schließlich verschafft es dem Wollustsuchenden die Möglichkeit, den Akt der Befriedigung selbst dann zu vollziehen, wenn die Natur nicht mehr will, und die Freuden der Unzucht bis über die Schranken auszudehnen, die ihm die stiefmütterliche Natur gesetzt hat.

Was aber die aktive Flagellation betrifft, kann es auf der Welt ein größeres Vergnügen für abgehärtete Wesen wie uns geben? Gibt es eines, das die Grausamkeit besser spiegeln würde, das, mit einem Wort, diese Neigung zum Blutdurst, die uns die Natur verliehen hat, besser befriedigte? ... O, Juliette! Ein interessantes junges süßes Wesen, das uns möglichst seelenverwandt ist, aufs tiefste zu demütigen, sie diese Art der Qual grausam empfinden zu lassen, an ihren Tränen sich ergötzen, durch ihren Verdruss in Erregung geraten, an ihren Bewegungen sich aufgeilen, an den wollüstigen Zuckungen sich entflammen, die der Schmerz dem gequälten Opfer entlockt, ihr Blut und Tränen fließen zu lassen, sich daran weiden, an den qualvoll verzerrten Zügen und dem durch die Verzweiflung verursachten Muskelspiel ihres hübschen Gesichtes sich freuen, - ach, Juliette, welch wütendes Entzücken!"

Wie der Sadismus hatte auch der Masochismus ein lebendes Vorbild: den österreichischen Adeligen Leopold von Sacher-Masoch. Dass er einer allen Menschen zugänglichen Perversion seinen Namen geben musste, war sehr zu seinem Ärger.

In Sacher-Masochs Roman „Venus im Pelz" unterschreibt Severin, der Held, einen Vertrag, der ihn an seine Geliebte Wanda von Dunajew bindet. Sie verachtet Severin wegen seiner weiblichen Wünsche und würde ihm einen Mann vorziehen, der sie beherrschen könnte. Durch den Vertrag liefert Severin sich ihr völlig aus: *„Frau von Dunajew darf ihren Sklaven nicht allein bei dem geringsten Versehen oder Vergehen nach Gutdünken strafen, sondern sie hat auch das Recht, ihn nach Laune oder nur zu ihrem Zeitvertreib zu misshandeln, wie es ihr eben gefällt, ja sogar zu töten, wenn es ihr beliebt, kurz, er ist ihr unbeschränktes Eigentum".*

Der Wunsch des Mannes, eine gefügige, gedemütigte Frau zu sein, kann – über die Identifikation mit der unterlegenen Person – gleichermaßen auch in einem sadistischen Szenarium verhüllt zum Ausdruck kommen. Darum sind viele Paare, die bei sadomasochistischen Aufführungen mitwirken, oft auch zum Rollentausch bereit, auch wenn es Vorlieben für diese oder jene Rolle der Inszenierung gibt. Das sado-masochistische Gesamtgeschehen ist wichtiger als die Frage, wer Herr und wer Sklave sei.

Mit Krafft-Ebing änderte sich auch die Bewertung des Phänomens: Sado-Masochismus wurde nun zu einem pathologischen Befund. Nunmehr ist er ein interessantes Krankheitsbild, weil er das äußerste Paradox im Sexualleben bezeichnet: eine Beziehung, in der Schmerz höchste erotische Lust bereitet.

Doch schon in Krafft-Ebings Fallgeschichten wird deutlich, dass der Schmerz weniger Quelle als Bedingung der Lust ist. Sein Fall 50, 29 Jahre alt, *„erkannte, dass das Geißeln Nebensache, die Hauptsache die Idee des Unterworfenseins unter den Willen des Weibes sei“.* Und Herr X., Fall 51, 26 Jahre alt, *„macht aufmerksam, dass die Demütigung dabei die Hauptrolle spielt und nie die Wonne einer Schmerzzufügung unterläuft“.* Der Frau unterworfen zu sein ist auch für Fall 58, Herrn Z., 50 Jahre alt, die höchste Wonne:

„Eine üppige Frau mit schönen Formen, namentlich hübschem Fuß, konnte ihn, wenn sie saß, in höchste Erregung versetzen. Es drängte ihn, sich ihr als Stuhl anzubieten, um `soviel Herrlichkeit tragen zu dürfen`. Vor dem Gedanken, mit ihr zu koitieren, hatte er Horror. Er fühlte das Bedürfnis, dem Weibe zu dienen. Es kam ihm vor, dass Damen gerne reiten. Er schwelgte in dem Gedanken, wie herrlich es sein müsste, sich unter der Last eines schönen Weibes abzuquälen, um ihm Vergnügen zu bereiten. Er malte sich die Situation nach jeder Richtung aus, dachte sich den schönen Fuß mit Sporen, die herrlichen Waden, die weichen vollen Schenkel. Jede schön gewachsene Dame, jeder hübsche Damenfuß regte seine Phantasie immer mächtig an, aber niemals verriet er seine absonderlichen, ihm selbst abnorm erscheinenden Empfindungen und wusste sich zu beherrschen. Er fühlte aber auch kein Bedürfnis, dagegen anzukämpfen – im Gegenteil, es hätte ihm leid getan, seine ihm so lieb gewordenen Gefühle preisgeben zu müssen“.

Am Anfang, so ist zu erkennen, war im Masochismus nicht die Tat, sondern die Phantasie. Dabei wird versucht, die Spannung zu verlängern und die „Endlust“ zu vermeiden. Ihr Auftreten wird als „Horror“ erlebt.

Auch erkannte Krafft-Ebing, dass die meisten, ja vielleicht alle Fälle von Schuhfetischismus auf der Basis mehr oder minder bewusster masochistischer Selbstdemütigungen beruhen.

E.Gerhard, aus dem Radierzyklus „Laterne", 1925

Ein Zitat aus Goethes Gedicht „Lili`s Park" soll uns zeigen, dass auch solche Anwandlungen Ingredienzien der normalen Liebe sind:

„Sie streicht ihm mit den Füßen übern Rücken;
Er denkt im Paradies zu sein.
Wie ihn alle sieben Sinne jücken!
Und sie, sieht ganz gelassen drein....
Ich küss` ihre Schuh, kau` an den Sohlen,
So sittig, als ein Bär nur vermag,
Ganz sachte heb` ich mich, und schwinge mich verstohlen,
Leis` an ihr Knie. – Am günst`gen Tag
Lässt sie`s geschehn, und krault mir um die Ohren,
Und patscht mich mit muthwillig derbem Schlag;
Ich knurr`, in Wonne neu geboren".

Sadismus und Masochismus gibt es fast nie voneinander getrennt. „Ein Sadist", so Freud, der in der Erforschung dieses Phänomens zu den Pionieren gehört, „ist immer auch gleichzeitig ein Masochist". Doch kann „die aktive oder passive Seite der Perversion bei ihm stärker ausgebildet sein und kann seine vorwiegend sexuelle Betätigung darstellen". Im Sadisten wie im Masochisten verbirgt sich eine unbewusste Gegentendenz; jedoch eine der beiden Trieborientierungen hat meist die Oberhand. Freud nahm dieser Perversion zugleich das Befremdende: In ihr würden zugespitzt nur die sexuellen Konflikte vor Augen geführt, die alle „normalen" Menschen in ihrem Unbewussten verbergen.
Wenn Krafft-Ebing den Sadismus als „eine pathologische Steigerung des männlichen Geschlechtscharakters" begriff und den Masochismus als eine „eher krankhafte Ausartung spezifisch weiblicher psychischer Eigentümlichkeiten", so drückte sich darin nicht nur das Geschlechtsrollenverständnis seiner Zeit aus. Nach Freuds Theorie sind diese beiden widerstrebenden Züge auch in jedem Manne und in jeder Frau als Konfusion der Identität zu finden. Es ist das Ewig-Weibliche in uns als Männern, das uns hinabzieht.

***

Nichts scheint dem Lustprinzip stärker zu widersprechen als der Masochismus: Während die Menschen allgemein dazu neigen, Schmerz

14

zu vermeiden, scheint dieser von den Masochisten erstrebt zu werden, ja ihnen gar Lust zu bereiten.

Masochistische Phantasien als Begleitphantasien des Geschlechtsverkehrs und der Masturbation sind weit verbreitet. Im Gegensatz zu Fetischismus und Transvestismus, die beinahe ausschließlich bei Männern auftreten, findet man Masochismus bei beiden Geschlechtern. Wie Louise J. Kaplan („Weibliche Perversionen", 1991) feststellt, ist der sexuelle Masochismus entgegen landläufiger Meinung unter Männern aber viel weiter verbreitet als unter Frauen (in einem Verhältnis von etwa 20 Männern zu einer Frau!), vor allem unter homosexuellen Männern. Typisch ist, dass eine Frau in einem sadomasochistischen Szenario, das von einem Mann ausgedacht und geleitet wird, als bezahlte oder freiwillige Mitspielerin die Rolle der Sadistin übernimmt. Der männliche Partner verlangt, dass sie ihn fesselt, auf den Hintern schlägt, sich rittlings auf ihn setzt und auf ihn uriniert bzw. kotet. Wenn die Frau auch befiehlt, so sind die Befehle doch zuvor von ihm ihr auferlegt worden.

Verständlich wird dieses Phänomen, wenn man sich klarmacht, dass ein wesentlicher Aspekt dieser Strategie darin besteht, den „weiblichen" Wünschen des Mannes Ausdruck zu verleihen, ohne ihm dabei seine männliche Machtposition zu nehmen. Mit dem Ausdruck „weiblicher Masochismus" bezog Freud sich auf eben diese weiblichen Wünsche der Männer.

Masochistische bzw. eng damit zusammenhängende selbstschädigende Züge finden wir in mehr oder weniger ausgeprägter Form bei fast allen Menschen. Diese masochistischen Komponenten können eingespannt sein in einem breiten Spektrum zwischen Selbstdestruktion und ihrem Gipfel, dem Suizid, bis hin zur Schmerzlust in der sexuellen Perversion.

Freud erklärte den erogenen Masochismus zu einem primären Triebphänomen. Er war im Organismus verbliebener Todestrieb, der dort durch sexuelle Miterregung libidinös gebunden bleibt. Freud sah im primären Masochismus, der eigentlichen „Schmerzlust", „eine Verbindung der nach innen gerichteten Destruktion mit der Sexualität".

Geht es im sado-masochistischen Szenario also weniger darum, das „erotische Verlangen" zu steigern, als vielmehr darum, destruktive Impulse zu zügeln? Diese wären dann in einem Skript versteckt, das erotische Motive vordergründig hervorhebt. „Sexualisierung der Destruktivität" wäre Motto dieses Maskenspiels.

Das wichtigste Moment zum Verständnis des Masochismus ist für Theodor Reik (1941) die Phantasie. Menschen mit geringer Phantasie neigen ihm zufolge nicht zum Masochismus. Die Phantasie habe die Aufgabe, die sexuelle Spannung vorzubereiten. „Masochistische Veranstaltungen sind nur Ausführungen vorangegangener Phantasien". Dabei sei es das Streben des Masochisten, mit Hilfe des Suspense-momentes, d.h. einer hinauszögernden, ungewissen, schwebenden Spannung, die Vorlust zu verlängern. Masochisten scheinen die Vorlust der Lust und die Phantasie der Realität vorzuziehen.

In ihrem Buch „Die sexuellen Phantasien der Frauen" (1978) versammelt Nancy Friday solche Phantasien. Dabei unterscheidet sie Masochistinnen, die den Schmerz ersehnen, von den „Vergewaltigungs-Träumerinnen", die mehr die Überwältigung phantasieren. Hören wir z.B. Annerose:

„ Meine Phantasien oder Träume fangen gewöhnlich damit an, dass mein Körper gestreckt wird, an jedem Bein und an jedem Arm zieht ein brutaler Mann, sie reißen mich buchstäblich weit auf, so dass ein ungeheuer großer Penis – an seinem anderen Ende ist nichts und niemand – in mich eindringen kann, mich ausdehnt, mich zerreißt, meine Vagina ist weit offen, während er immer tiefer hineinstößt. Die Männer verdrehen meine Arme schmerzhaft, während sie daran gleichzeitig ziehen, und ich höre meine Knochen knacken und brechen. Gleichzeitig zerreißt die Haut um meine Vagina. Ich kann es genau hören. Ich schreie laut – in Wirklichkeit und in meiner Phantasie. Es gefällt mir großartig, obwohl mir mein Verstand und meine Logik sagen, dass es gespenstisch ist, dass es nicht normal ist, auf diese Art Vergnügen am Sex zu haben. Und trotzdem gefällt es mir. Ich hasse das, was in meinen Phantasien mit mir passiert, doch es ist von meinen Lustgefühlen untrennbar".

Zwischen Phantasie und realer Inszenierung wird also strikt unterschieden. Was sie in der Realität nie ersehnen und erdulden würde: hier wird es herbeigewünscht. Woher, so fragt man sich rührt das Lusterleben, das mit dieser Qual verbunden ist?

Auch in dem Bericht von Barbara fällt dieser Hiatus zwischen Phantasie und Realität auf:

„Ich weiß nicht warum, aber in meine Phantasien stelle ich mir gern vor, dass ich ein siebzehnjähriges Schulmädchen bin, das vor der Lehrerin steht und mit dem Stock bestraft werden soll, und eine altmodische Turnhose trage, die mir bis zu den Knien reicht. Ich bilde mir ein, dass ich

Otto Rudolf Schatz, Holzschnitt, 1928

mich vorbeugen muss, nachdem man mir eine Strafpredigt gehalten hat, und auf den Hintern geschlagen werde. Und so erzähle ich meiner lesbischen Freundin genau, wie weit sie gehen dürfte, und wir machten das Datum und alles genau ab. Natürlich entdeckte ich, dass die Schläge mit dem Stock, die ich in Wirklichkeit bekam, nicht halb so aufregend waren wie in meinen Phantasien, doch während ich beim Masturbieren mit dieser lesbischen Freundin nur mit halbem Herzen dabei war, kam es mir nach den Schlägen ganz schnell... In allen meinen Phantasien beschäftige ich mich mit den verschiedenen Möglichkeiten, geschlagen zu werden oder jemand zu schlagen. Zum Beispiel würde es mir gefallen, wenn man mich an Händen und Füßen festbände und mir zwölf Schläge mit der Rute gäbe, aber wenn so etwas tatsächlich passierte, würde ich sicher ohnmächtig vor Schmerzen".

Auffallend auch, dass über die Anzahl und Härte der Schläge verhandelt wird: Die masochistische Situation ist eine inszenierte und kontrollierte. Dabei kann die masochistische Position durchaus in die sadistische umkippen: „geschlagen zu werden oder jemanden zu schlagen". Wichtig ist die Situation von Herrschaft und Unterwerfung. Welcher Pol in dieser Situation eingenommen wird, scheint häufig auswechselbar zu sein.

Ein voreiliger Schluss wäre es, den Wunsch nach Dominierung auf die Sehnsucht nach der traditionellen Rolle der Frau gegenüber dem dominierenden Mann zurückzuführen. Ein Paradoxon ist zu registrieren: Je mehr die Frauen heute in ihre neu gewonnene sexuelle Freiheit hineinwachsen und ihre historische Rolle hinter sich lassen, desto stärker ergehen sie sich in Dominierungsphantasien.

Dies kommt sehr deutlich in Natalies Bericht zum Ausdruck:
„Ich bin ihm auf Gnade und Ungnade ausgeliefert. Immer wieder frage ich ihn: `Was hast du mit mir vor?` Aber er sitzt nur da. Von da an verläuft die Phantasie unterschiedlich. Manchmal küsst er mich überall, bis ich ihn anflehe, in mich einzudringen. Manchmal dringt er ohne Vorspiel in mich ein und scheint mich zu nehmen, als sei ich gar nichts... Was immer er jedoch tut, die Phantasie endet jedesmal damit, dass er mich losbindet, mich umarmt und meine schmerzenden Muskeln massiert, während ich vor Erleichterung schluchze und ihm danke – nicht, weil er mich losgebunden hat, sondern weil er mich gefesselt hatte! ... Eine andere Phantasie habe ich meinem Repertoire erst kürzlich hinzugefügt, aber sie ist nicht ganz so wirksam wie die anderen. Sie verläuft folgendermaßen: Es gelingt mir, ihn ans Bett zu fesseln, genau wie er

mich, mit ausgebreiteten Armen und Beinen. Erreicht habe ich das durch eine Art `unschuldiger` Verspieltheit, etwa: `Ach Liebling, zeig mir doch mal, wie man diesen und jenen Knoten knüpft. Ach ja, richtig. Jetzt lass` mich`s mal versuchen" Und so weiter. Wenn er merkt, dass ich ihn hereingelegt habe, reagiert er mit Wut und Angst, ungefähr so wie ich in meiner zweiten Phantasie. Wir haben praktisch die Rollen getauscht: Er ist hilflos und verängstigt, während ich kühl und nüchtern bin... Ich bin überzeugt, dass es noch andere Frauen wie mich gibt, die sich von der männlichen Herrschaft befreit haben und sich danach sehnen, im Bett wieder unter sie zurückkehren zu können".

Beherrschend oder beherrscht: Entscheidend ist die Freiwilligkeit, sich auf diese erotischen Wünsche einzulassen. Es gibt einen feministischen Moralismus, für den Frauen, die sich in Beziehungen benutzen und zum Objekt machen lassen, einem auf „Gehirnwäsche" zurückgehenden „falschen Bewusstsein" verhaftet seien. Doch eher sind es – auf frühkindliche Erlebnisweisen zurückzuführende – „autonome" erotische Wünsche, die Frauen solche Beziehungen eingehen lassen. „Freiwilligkeit" ist ein durchaus zwiespältiges Problem: Erotische Leidenschaft wird oft als übermächtige Kraft erlebt, und wir glauben aus freien Stücken zu entscheiden, wo wir von dieser Kraft nur überwältigt werden.

In den Augen von Jessica Benjamin ist der Sadomasochismus nur der zugespitzteste Ausdruck von Momenten, die grundsätzlich in sexueller Spannung enthalten sind. Unsere Kultur sei geprägt vom Konflikt zwischen unseren Bedürfnissen nach Selbstbehauptung und nach Aus-uns-selbst-Hinausgehen. („Transgression und Überschreitung", würde Bataille hier sagen). Dieser Konflikt mache den Kern der Phantasie von erotischer Unterwerfung aus.

Jessica Benjamin vertritt die These, dass die individualistische Überbetonung zwischen dem eigenen Selbst und den anderen ein Gefühl der Unwirklichkeit und Isolation fördert. Gerade der unsere Kultur kennzeichnende Individualismus erschwert es, andere als eigenständige Wesen zu akzeptieren. Folglich wird es uns schwer, uns auf andere als lebendige erotische Wesen zu beziehen. „Gewalt spielt deshalb in erotischen Phantasien eine so wichtige Rolle, weil sie Ausdruck des Wunsches ist, dieses starre Gehäuse zu sprengen". Dass Gewaltphantasien heute so weit verbreitet sind, lässt sich also zum Teil auf die zunehmende

Prägung unserer Kultur durch Rationalität und Individualismus zurückführen.

Benjamin stützt ihre Ausführungen auf die Untersuchung einer Erzählung: die „Geschichte der O" von Pauline Réage. Abhängigkeit und Macht sind hier unauflösbar miteinander verwoben; der Konflikt zwischen dem Bedürfnis nach Autonomie und dem nach Bestätigung ist nur noch durch die totale Selbstaufgabe zu bewältigen. Dieses Buch illustriert ihre „These, dass die Wurzel des Problems von Herrschaft und Abhängigkeit auf erotischem Gebiet im Misslingen des Abgrenzungsprozesses liegt".

Feministischer Moralismus sieht im Masochismus der O keine Allegorie des Wunsches nach Anerkennung, sondern nur die traurige Geschichte einer Frau, die zum Opfer männlicher Gewalt gemacht wird: Welche Befriedigung in der Unterwerfung gesucht und gefunden wird, bleibt dabei offen. Ebenso wenig wird erklärt, weshalb Unterwerfungs-phantasien eine wichtige Rolle im Seelenleben vieler Menschen spielen, die solche Phantasien in der Realität nicht ausleben.

Die „Geschichte der O." „konfrontiert den Leser mit der schockierenden Tastsache, dass Menschen sich manchmal nicht nur aus Angst unterwerfen, sondern im Einklang mit ihren tiefsten Wünschen". Im Wunsch nach Unterwerfung zeige sich, so Benjamin, eine sonderbare Verformung des Wunsches nach Anerkennung. Der Masochismus der O. ist eine Anstrengung, von einem anderen anerkannt zu werden; doch von einem anderen, der mächtig genug ist, solche Anerkennung zu gewähren. Dieser andere hat die Macht, die das Selbst der Frau für sich begehrt.

Die über O. verfügenden Herren finden mehr Vergnügen an ihrer Macht über O., als an ihren erotischen Diensten. Ihre sadistische Lust liegt nicht unmittelbar im Genuss von O`s Qual, sondern im Wissen um ihre Macht über sie.

Im Verlauf des Romans gewinnt O`s Bindungswunsch zunehmend den Charakter religiöser Hingabe. Ihr Geliebter ist wie ein Gott, und ihr Verlangen nach ihm ist nur durch Gehorsam zu befriedigen. Indem sie zum Werkzeug des überlegenen Willens wird, erreicht sie eine Transzendenz, die an die Demütigungen der Heiligen erinnert. Am Ende des Romans ist O bereit, ihre völlige Vernichtung zu riskieren, um weiterhin Objekt des Begehrens ihres Geliebten zu sein und dadurch Anerkennung zu finden.

O gewinnt als Masochistin ihre Lust nicht aus dem Schmerz. Ihr Schmerz weckt nur dann Lust, wenn er mit Unterwerfung unter eine mächtige Person verbunden ist. Die Lust der Masochistin ist, was neuere psychoanalytische Studien bestätigen, nicht als direkter Genuss des Leidens zu verstehen.

„Sie liebte den Gedanken an die Folter, aber wenn es an ihr war, gefoltert zu werden, hätte sie alles in der Welt darum gegeben, ihr zu entgehen. Und doch war sie, wenn alles vorbei war, glücklich, es durchgemacht zu haben". Der physische Schmerz tritt an die Stelle des psychischen Schmerzes, den Verlust und Verlassenwerden bedeutet. Körperliches Leiden kann seelisches Leiden kaschieren. Indem O von anderen verletzt wird, hat sie Jessica Benjamin zufolge das Gefühl, berührt und erreicht zu werden. *„Sie erfährt die Gegenwart einer anderen lebendigen Existenz. Os Lust liegt also in ihrem Gefühl, als Selbst zu überleben und mit ihrem mächtigen Geliebten verbunden zu sein. Solange O ihre Verlustangst in Unterwerfung umsetzen kann, solange sie Objekt des Geliebten und Manifestation seiner Macht bleibt, fühlt sie sich geborgen und sicher".*

Die gewaltsame Verletzung der körperlichen Integrität stellt ein Durchbrechen des Getrenntseins vom anderen dar. Diese Grenzverletzung bezeichnet Benjamin als das innerste Geheimnis aller Erotik; in der erotischen Gewalt tritt sie am deutlichsten zutage.

Das Paradox der Freiwilligkeit, von dem wir anfangs sprachen, wird auch an dieser Stelle deutlich: Freiwillig begibt man sich in eine masochistische Situation, die das Streben nach Anerkennung des eigenen Selbst durch einen anderen zum Ziel hat; dieses Streben ist jedoch insofern entfremdet, als darin das Moment der Gewalt an die Stelle des Momentes der Freiheit tritt. „Wahre Freiheit", so Benjamin, „mag darin bestehen, sich aus freien Stücken in einer beidseitigen Beziehung hinzugeben". Doch O`s Streben nach Entgrenzung, nach wirklicher Vereinigung, nimmt die Form der Unterwerfung an, weil sie keine eigenständige Person ist und das Alleinsein nicht aushalten kann. Ist die Psyche aber taubstumm geworden, kann der psychische Schmerz der Ablösung nur noch im körperlichen Schmerz der gewaltsamen Unterwerfung sein Abbild finden. Die Auflösung der Organisation des Selbst in der Liebesvereinigung ist immer schmerzhaft und angstbesetzt. Der körperliche Schmerz aber ist ein Ersatz: Er ist ein gewaltsamer Einbruch in die Organisation des Selbst.

Freuds Vorstellung von Masochismus als „Lust am Schmerz" wurde inzwischen von einigen modernen Psychoanalytikern berichtet, die Masochismus in Bezug auf das Ich oder Selbst und seinen Objektbeziehungen deuten. Sie verstehen Masochismus als Verlangen nach Unterwerfung unter einen idealisierten Anderen, um sich vor überwältigendem psychischen Leiden, vor Objektverlust und

Fragmentierung zu schützen. Es sind vor allem narzisstische Probleme, die durch das Zufügen von Schmerz „gelöst" werden.

Für Robert D. Stolorow (1975) haben masochistische Aktivitäten häufig das Ziel, bei einer unsicheren und brüchigen Selbstrepräsentanz die strukturelle Kohäsion wiederherzustellen und zu stabilisieren. *„ Man kann also den Schluss ziehen, dass masochistische Aktivitäten in einer ihrer vielfältigen Funktionen verfehlte Versuche sind, eine Selbstrepräsentanz wiederherzustellen, auszubessern, zu stützen und aufrechtzuerhalten, die durch verletzende Erfahrungen während der frühen präödipalen Phase, wenn die Selbstrepräsentanz entwicklungsmäßig am verwundbarsten ist, beschädigt oder gefährdet wurde".* Bei einem Individuum mit diffuser oder zerfallener Selbstrepräsentanz kann die masochistische Suche nach aktuellen Schmerzerfahrungen als ein Mittel verstanden werden, ein falsches Gefühl des Real- und Lebendigseins zu erwerben und dadurch das Empfinden wiederherzustellen, als abgegrenztes Wesen, als kohärentes Selbst zu existieren.

Bei Patienten mit vorzeitiger Trennungserfahrung fand J. Grunert („Regulierungsfunktionen des Masochismus") *„eine nahezu unstillbare Sehnsucht nach Verschmelzung mit dem Primärobjekt, ein Bedürfnis nach dem Objekt. Aber fast ebenso regelmäßig stoßen wir hinter diesen Wünschen auf ebenso starke Ängste vor Verschmelzung, resultierend aus der Urverunsicherung des nicht optimalen, lebensbedrohlich erlebten Verhaltens des Selbstobjektes, welches eine vorzeitige Trennung zuließ".* Dem Wunsch, die durch die frühe Trennung entstandene Isolierung, den drohenden Selbstverlust zu überwinden, steht die Angst gegenüber, durch eben diesen Wunsch vernichtet zu werden. Die sadomasochistische Situation bietet hier einen Regulierungsmechanismus an, das schwache Selbst zwischen der Scylla der Selbstfragmentierung und der Charybdis der Vernichtungsangst hindurchzulavieren.

Faktum ist, dass im Wunsch, geschlagen zu werden, häufig ein elementares Bedürfnis nach Körperkontakt als Abwehr einer Isolations- bzw. Verlassenheitsdepression beteiligt ist. Der Wunsch nach Schlägen ist einer der Versuche, der Angst des Alleinseins, Nichtseins, der Desintegrationsangst zu entkommen. Er gehört zu jenen „forcierten Handlungen", die einer Selbstfragmentierung entgegenwirken.

Der in Wirklichkeit innerhalb des Individuums stattfindende Zusammen-
bruch der Spannung zwischen Selbstbehauptung und Selbstaufgabe
erscheint im sadomasochistischen Paar als Verhältnis zwischen zwei
Personen: Die eine hält ihre Grenze aufrecht, die andere lässt es zu, dass
ihre Grenzen durchbrochen werden. Wären Selbstaufgabe und
Kontrollverlust beidseitig, käme es zur völligen Selbstauflösung. Darum
gestattet die sadomasochistische Inszenierung einen kontrollierten
Verlust, wobei das Ich des masochistischen Teils sich mit dem
kontrollierenden Teil identifiziert. Derart kann dem Wunsch „risikolos"
nachgegangen werden
Die Grenzziehung zwischen dem Selbst und dem Anderen ist das zentrale
Problem der sadomasochistischen Situation. Dies kommt auch in den
künstlerischen Darstellungen zu diesem Thema zum Ausdruck: Unter
allen Darstellungen erotischer Kunst gehören die fetischistischen
Zeichnungen aus dem Umfeld des Sadomasochismus zu den am
wenigsten lebendigen. Die Figuren sind klar und steif konturiert, als gelte
es, dass jeder seine Haut rette. Bei aller Dramatik in der Handlung bleiben
die Personen voneinander abgegrenzt. Die Situationen wirken steif und
eingefroren. Man vermisst Spontaneität und Lebendigkeit. Es darf
generell ein Zusammenhang vermutet werden zwischen künstlerischem
Stil und persönlicher Psychodynamik. So agiert der fetischistische
Zeichner auf dem Papier die gleiche Dynamik aus, die auch sonst seine
Phantasien bzw. fetischistischen Handlungen bestimmt. In diesem
Zusammenhang liegt der diagnostische Wert vieler Zeichnungen. (Ich sah
sadomasochistische Zeichnungen japanischer Künstler – und war erstaunt,
dass sie sich in ihrem Charakter des Eingefrorenen, Vereisten so wenig
von den Darstellungen europäischer Künstler unterschieden).
Auch die sadomasochistische Literatur ist, von wenigen Ausnahmen
abgesehen, in ihrer Redundanz für den Nicht-Aficionado in der Regel
wenig unterhaltsam, ja geradezu quälend. Es sind Texte, in denen man
eine Leere spürt, die wiederum auf ein Defizit am menschlicher Empathie
hinweist.-
Wie die sadomasochistische Bild-Pornographie, so hat auch die Literatur
ihre wichtigsten Topoi vorzugsweise in Heimen, Internaten und
Institutionen, in denen sadistisches Handeln durch ein Machtgefälle
begünstigt wird. Macht und Ohnmacht bestimmen in diesen Einrichtungen
das Verhältnis zwischen den Menschen, und zweifellos ereignet sich hier
oft Skandalöses.

Von diesem real existierenden Sadismus ist hier aber nicht die Rede: Es geht um Phantasie und fiktives Spiel. Nach herkömmlichem Erklärungsmuster sollen autoritäre Strukturen sadomasochistische Tendenzen in den Individuen doch gerade erzeugen. Nun aber entsteht der umgekehrte Eindruck, dass diese mit dem Zerfall alter Herrschaftsstrukturen gerade erst recht freigesetzt werden. Es sind frühe Wunden und Ängste, die beinahe zur conditio humana zu gehören scheinen, und die sich nun frei ihre Bühne erschaffen können, um endlos sich zu inszenieren. So wird Herrschaft im herrschaftsfreien Raum zum Spiel. Auch wenn dieses nicht frei ist von unbewussten Zwängen. Im Spiel mit der Gewalt wird ein fehlgeschlagener früher Abgrenzungsversuch noch einmal und immer wieder wiederholt.

Es war das Dilemma zwischen „Vernichtungsangst und Rettung im Heil", das die mittelalterlichen Geißlerumzüge antrieb. Das gleiche Dilemma drückt sich subjektiv im Konflikt zwischen „narzisstischer Dekompensation und Rettung des Selbst" aus. „Tod und Auferstehung": das oszillierende Grundthema der inszenierten Gewalt? Nur dass in einer säkularisierten Gesellschaft sexuelle Erotik die Funktion der religiösen Erotik übernommen hat.

Wichtig ist, das Moment des Spiels hier zu betonen: Sadomasochismus ist eine Dramaturgie mit festen Regeln, eine ritualisierte Maskerade, für den Außenstehenden bizarr und grotesk, doch durchaus harmlos. Nach Eberhard Schorsch ist dieses fiktive Spiel „Abwehr, Kanalisation und Ritualisierung neurotischer Mechanismen mit dem Resultat, dass soziales Handeln davon befreit bleibt". Wenn wir einleitend nach dem Zusammenhang von Sadomasochismus und der Brutalisierung des gesellschaftlichen Lebens fragten, so lässt sich der Zusammenhang nun differenzieren: Autoritäre Gesellschaften mögen ansetzen an den unbewussten sadomasochistischen Strebungen in jedem von uns und diese zur Aufrechterhaltung unmenschlicher Verhältnisse instrumentalisieren und missbrauchen. Liberale Gesellschaften gestatten dagegen, diese düstere, gewaltsame Seite unserer Sexualität als Phantasie zuzulassen und im fiktiven Spiel auszuagieren, ohne dass das soziale Handeln dadurch gefährdet wird. Aufschlussreich ist hier ein Hinweis in der Studie „Der gewöhnliche Homosexuelle" von M. Dannecker und R. Reiche (1974), der zufolge Sexualverbrechen mit tödlichem Ausgang, also sadistisch gefärbte Morde für Homosexuelle besonders untypisch seien, eben weil in

diesen Beziehungen Gewalt kaum anders vorkommt als in der Sadomasochistischen Inszenierung auf „Gegenseitigkeit".
Deviante Triebimpulse werden in dieser Subkultur rituell aufgefangen und entschärft Umgekehrt weiß man, dass unter sadistisch devianten Tätern in der Regel keiner Zugang zur sadomasochistischen Subkultur hat. Sexuelle „Triebtäter" sind nur außerhalb dieser Subkultur zu finden. *„Die Devianten"*, schreibt Schorsch und versucht damit, den Begriff des Perversen zu umgehen, *„die Devianten kennen diese Destruktivität und haben sie geformt und verwaltet; die Nichtdevianten kennen sie nicht oder viel weniger. Deshalb können die Kontrollen weniger verlässlich sein, das Verhalten kann weniger vorhersehbar, die Gefährdung unter Umständen größer sein".*

Akzeptieren wir, dass Aggressivität ein dem Sexuellen inhärenter, von ihm nicht zu lösender Aspekt ist, und keine fremde, „perverse" Zutat!
Unter dem verordneten Bild einer harmonischen, gleichheitlichen, partnerfreundlichen und sanften Sexualität ersticken Erotik und Leidenschaft. Doch führt die gegenwärtige Entdramatisierung der Sexualität keineswegs zu ihrer Befriedung: Der verfemte Teil, das Gewaltsame an ihr, das abgespalten und ins Unbewusste abgedrängt wurde, wird sich auf unberechenbare Weise, vulkanischen Eruptionen vergleichbar, immer wieder Ausdruck verschaffen. Das nach Überschreitung Drängende lässt sich nur bändigen und kultivieren, wenn es in unserer Kultur spielerisch eingebunden bleibt.

Literatur:

- Marquis B.d`Argens, Thérèse Philosophe, 1748
- Georges Bataille, Die Erotik
- Jessica Benjamin, Die Fesseln der Liebe, 1993
- M.Dannecker/R.Reiche, Der gewöhnliche Homosexuelle, 1974
- Eugen Dühren, Der Flagellantismus, 1902
- Sigmund Freud, Gesammelte Werke
- Nancy Fiday, Die sexuellen Phantasien der Frauen, 1978
- Peter Gay, Kult der Gewalt. Aggression im bürgerlichen Zeitalter,1996
- Louise Kaplan, Weibliche Perversion, 1991
- Richard Krafft-Ebing, Psychopathia sexualis, 1886
- Nikolaus Largier, Lob der Peitsche, 2001
- Portugiesische Briefe. Die Briefe der Marianna Alcoforado, 1669
- Pauline Réage, Geschichte der O,
- Theodor Reik, Aus Leiden Freuden. Masochismus und Gesellschaft, 1940
- Leopold von Sacher-Masoch, Venus im Pelz, 1870
- Marquis de Sade, Justine und Juliette
- Eberhard Schorsch, Angst, Lust, Zerstörung, 1977
- Robert Stolorow, in: J.Grunert, Zum Phänomen des Masochismus, 1981
- Veriphantor (=Eugen Dühren), Der Flagellantismus, 1903

Zum Autor:

Hans-Jürgen Döpp, geb. 1940. Studium der Soziologie und der Pädagogik. Langjährige Tätigkeit als Lehrbeauftragter für psychosexuelle Sozialisation an der Johann Wolfgang Goethe-Universität Frankfurt am Main. Unterrichtete an einer Frankfurter Realschule. Sammelt seit 50 Jahren auf dem Gebiet der erotischen Kunst. Arrangierte viele Ausstellungen im In- und Ausland. Maßgeblich verantwortlich für den Aufbau des Erotik-Museums in Berlin, das er bis 2000 kuratierte. Autor einer Vielzahl von Büchern zur erotischen Kunst. 2004 Ehrenprofessor am Lehrstuhl für erotische Kunst am (privat getragenen) Institut für Sexualwissenschaften, St. Petersburg. Mitbegründer eines privaten Museums Erotischer Kunst in Köln. Ediert selbst unter dem Namen „edition de l`œil" eine kleine Buchreihe, die ausgewählte Stücke aus seiner Sammlung präsentiert. Einen Überblick über die bisher erschienenen Bändchen bietet die Seite www.aspasia.de.

lovely books for lovers

edition de l`œil

www.aspasia.de